김진태

서울대교구 소속 사제로
가톨릭교리신학원 원장으로 재직하고 있다.

표지 디자인
김윤태 엘리사벳 수녀(샬트르 성 바오로 수녀회)

내지 그림(4쪽)
꿈을 쫓는 작은 새(2009년), 김형주 이멜다 작, 개인 소장

본문 조각
십자가의 길 15처(2009년), 김혜림 베아타 작,
가톨릭교리신학원 경당

십자가의 길
고독한 사랑의 길

십자가의 길
고독한 사랑의 길

교회 인가 | 2024년 2월 29일
1판 1쇄 | 2024년 3월 25일

글쓴이 | 김진태
그린이 | 김형주, 김혜림
펴낸이 | 김사비나
펴낸곳 | 생활성서사
편집인 | 윤혜원 **디자인 자문** | 이창우, 최종태, 황순선
편집장 | 박효주 **편집** | 안광혁, 김병수, 이광형 **디자인** | 명희경
제　작 | 유재숙 **마케팅** | 노경신 **온라인 홍보** | 박수연
등　록 | 제78호 (1983. 4. 13.)
주　소 | 서울특별시 강북구 덕릉로42길 57-4
편　집 | 02)945-5984
영　업 | 02)945-5987
팩　스 | 02)945-5988
온라인 | 신한은행 980-03-000121 재) 까리따스수녀회 생활성서사
인터넷 서점 | www.biblelife.co.kr
가톨릭 교회의 모든 도서는 '생활성서사' 가톨릭 인터넷 서점에서 만나실 수 있습니다.

ISBN 978-89-8481-661-9 03230
책값은 뒤표지에 있습니다.

© 김진태, 2024.
성경·전례문 © 한국천주교중앙협의회, 2024.
이 책은 저작권법에 의해 보호를 받는 저작물이므로 무단 복제를 금합니다.

십자가의 길
고독한 사랑의 길

글
김진태

그림
김형주
김혜림

자신의 자리에서 아랑곳하지 않고

소명으로 받은 삐뚤빼뚤 자기 인생길을

십자가의 길인 듯

묵묵히 걸어가고 있는 누군가를

가슴에 떠올리며 …

추천의 글

눈꽃 서리

『십자가의 길 고독한 사랑의 길』 원고를 읽고 마음에 와닿은 것을 몇 가지 적어 보았습니다.

1
말이란 무엇일까? 글이란 무엇일까? 친구를 만나면 왜 우리는 가벼운 말, 누구나 하는 그저 평범한 말로 이야기를 시작하는 것일까? 내내 그런 이야기만 하다가 헤어지는 것일까? 그러다가 어느 날 그가 보낸 편지, '글자에서도 마음이 묻어나는 글'에서는 전혀 다른 그의 모습이 떠오르는 것일까? 글은 말을 적은 것임이 분명한데, 이 둘 사이가 왜 이렇게 벌어질 수 있는 것일까?

2

늘 함께 살며 알 만큼 안다고 생각했던 사람이, 죽고 나면 왜 뒤늦게 그의 모습이 너무나 다르게 나타나는 것일까? "참으로 이 사람은 하느님의 아드님이셨다."(마르 15,39). 왜 우리는 하느님이 지나가시고 난 다음 '뒷모습'(탈출 33,23 참조)만 볼 수 있는 것일까? 맛도 즉각적인 느낌이 지나가고 난 다음 "훗입맛"(로욜라의 이냐시오)을 느낄 때까지는 첫맛에 자칫 속을 수가 있는 것일까? 마이동풍, 바람처럼 한쪽 귀로 들어왔다가 다른 귀로 빠져나가듯 하는 수많은 소리 중에, 마음속 깊은 곳을 울리고 거기에서 메아리로 계속 남는 그 울림은 어디서 오는 것일까?

3

눈꽃 서리. 대여섯 살 때쯤이었을까? 초겨울, 집 밖에서 놀다가 우연히 울타리 근처에서 본 그 놀라운 모습을 그대로 가져다가 엄마에게 보이려고 손을 대는 순간, 소리도 없이 무너져 내리던 때의 그 허무함이란. 그런데도 때로는 그것을 잡아 내는 일을 기적처럼 하고 있는 이들이 세상에는 있다는 사실을 발견하는 감격, 그 기쁨. 그런데 그런 일이 어떻게 가능한가! 손을 대지 않고 그 일을 하는 이들. 그럼 그들은 무엇으로, 어떻게 그것을 집어 다른 사람에게 전하는 것일까?

4

"재齋를 지켜야 하느니라." 공자의 입을 빌려 장자가 말한다.
"저는 본래 가난한 집안에 태어나서 술은 입에 대어 본 적이 없고, 고기를 먹어 본 지도 한 해가 넘었습니다. 이만 하면 재는 훌륭하게 지킨 셈이 되지 않겠습니까?" 안회를 내세워 우리가 묻는다.
"그것은 더불어 사는 사람들 눈에 보이는 몸의 재일 뿐이니라."
"그럼 그것 말고 또 무슨 재가 있다는 말씀입니까?"
"심재, 곧 마음의 재가 있느니라."
"그것이 무엇인지 가르쳐 주십시오."
"그것은 마음과 뜻을 하나로 모으는 것과 같으니라. 귀로 듣지 않고 마음으로 듣고, 마음에도 머물지 않고, 한 걸음 더

나아가 기氣로 듣는 것이니라. 밖의 소리는 귀를 울릴 뿐이고, 마음은 사람들의 기대에 맞추어 거기 머무는데, 기氣만이 텅 비어서, 있는 것 모두를 품어 안을 수 있느니라. 그리고 도道만이 그 텅 빈 것, 곧 허虛에 가닿을 수 있는데, 바로 이 허를 가리켜 심재라 하느니라虛者心齋也."(장자, 『내편』, 「대종사」, 심재).

"그리스도 예수는 하느님의 모습을 지니셨지만 하느님과 같음을 당연한 것으로 여기지 않으시고 오히려 당신 **자신을 비우시어** 종의 모습을 취하시고 사람들과 같이 되셨습니다."(필립 2,6-7).

5
몸, 마음, 영으로 이루어졌다는 세 겹 인간. '하나이신 분 앞에 홀로 서서'(사목헌장 16항 참조) 말을 주고받으며, 그 깊은 샘에서 길어 올린 말, 글. 그래서 다른 이에게도 같은 울림을 일으키는 그 힘.

이병호 주교

표지 이야기

어릴 적, 일 년에 한두 번은 엄마 따라 산을 일곱 개 넘어야 비로소 도착할 수 있던 깊은 산골 마을에 갔었습니다. 그곳은 천주교 박해를 피해 온 저희 선조들이 산을 깎아 논밭을 일구며 살던 곳입니다. 그곳에 저희 집안 선산이 있고, 집안 선산이라 저의 친할아버지와 친할머니도 거기 묻혀 계십니다. 제가 초등학교도 들어가기 전에 할머니가 돌아가셨는데, 할머니 묘 바로 옆에 우리는 작은 아기 구상나무(확실하지는 않지만 '구상나무'라고 기억합니다.) 하나를 왜 그랬는지 그냥 심어 놓았습니다. 그것이 예쁘게 자랐는데 나중에는 너무 커서 그늘을 만들어 묘의 떼가 잘 자라지 않아 결국 잘라 버리게 되었습니다. 할아버지 할머니의 몸이 비료가 되어 자란 나무라는 생각에 잘린 나무를 그냥 버릴 수 없어 잔가지만 버리고 나무 기둥은 서울로 가져와 소금물에 여러 해 담가 두었다가 건조시켜 보관했습니다. 그것을 김혜림 베아타 화백님이 고맙게도 예술성 있는 좋은 십자가로 만들어 전시회에 출품하기도 했습니다. 그 십자가를 표지 십자가로 택했습니다. 어둡게 채색된 부분과 밝게 채색된 부븐이 조화를 이뤄 뒤쪽 십자가가 앞쪽 십자가를 품에 안고 있는 것 같은 느낌을 줍니다. 예수님의 십자가가 하루하루 힘들게 살아가는 오늘 우리 삶의 십자가를 떠받치며 안고 있다는 생각이 들어 위로를 받습니다.

그리고 한 가지 더. 김혜림 화백님은 십자가 제일 위쪽에 죽은 것처럼 보이는 십자가에서 새로운 생명의 싹이 터져 나오는 것을 표현하려고 작은 연두색 이파리들을 그려 넣었습니다. 저는 표지 색 전체를 녹색 계열로 하여 십자가에서 나온 생명이 온누리에 스며들어 있음을 표현하고 싶었습니다.

김 엘리사벳 수녀

기도를 시작하며

예수님, 나의 주님, 저의 온 존재가 십자가를 받아들이게 해 주소서. 가난을 핑계 삼지 않게 해 주시고, 부족으로 도피하지 않게 해 주소서. 가난과 부족으로 주님의 참된 진리를 고백할 줄은 모르나, 제 진실만은 고백하게 해 주소서. 십자가를 직접 지지는 못하지만, 마음으로라도 십자가를 아끼게는 해 주소서. 그리고 십자가를 지는 이웃을 무심코라도 나 몰라라 하거나 무시하는 언행만은 하지 않게 해 주소서.

예수님, 나의 주님, 이 시간에 저를 골고타로 데려가 주소서. 거기서, 주님께서 가신 길 따라 저를 이끌어 주소서. 그리고 기꺼이 주님의 이름을 지닌 저에게 주님을 제 주님으로 모신다는 것이 무엇인지 깨우쳐 주소서. 주님께서 사랑 때문에 십자가의 길에서 겪으셨던 모든 것을 저도 조금이나마 같이 느끼게 해 주시고, 주님 따라 살려는 굳센 정신을, 허무를 딛고 세상을 변화시키려는 힘찬 기운을 지금 제 안에 새롭게 불어넣어 주소서.

예수님, 나의 주님, 지금 이 시간에는, 오직 주님의 사랑의 길을 본받으려는 것이 제 모든 목적이게 해 주시고, 이 목적을 위해 일체의 잡념을 떨쳐 버리게 해 주소서.

차례

추천의 글 6

표지 이야기 10

기도를 시작하며 12

제1처 예수님께서 사형 선고 받으심을 묵상합시다 17

제2처 예수님께서 십자가 지심을 묵상합시다 23

제3처 예수님께서 기력이 떨어져 넘어지심을 묵상합시다 29

제4처 예수님께서 성모님을 만나심을 묵상합시다 33

제5처 시몬이 예수님을 도와 십자가 짐을 묵상합시다 37

제6처 베로니카, 수건으로 예수님의 얼굴을 닦아 드림을

묵상합시다 43

제7처 기력이 다하신 예수님께서 두 번째 넘어지심을 묵상합시다 47

제8처 예수님께서 예루살렘 부인들을 위로하심을 묵상합시다 51

제9처 예수님께서 세 번째 넘어지심을 묵상합시다 55

제10처 예수님께서 옷 벗김 당하심을 묵상합시다 61

제11처 예수님께서 십자가에 못 박히심을 묵상합시다 65

제12처 예수님께서 십자가 위에서 돌아가심을 묵상합시다 69

제13처 제자들이 예수님 시신을 십자가에서 내림을 묵상합시다 73

제14처 예수님께서 무덤에 묻히심을 묵상합시다 77

기도를 마치며 81

감사의 글 85

제1처

예수님께서 사형 선고 받으심을 묵상합시다

주님, 이제 겨우 첫발을 내디뎠을 뿐인데, 제 마음은 온통 무기력과 무자격으로 가득 차 있습니다. 주님께서는 질그릇 같은 제 속에 너무 큰 보화를 담으려 하시는 것 같습니다(2코린 4,7 참조). 왜냐하면 주님을 제 주님으로 모셔야겠다고 말하면서도, 바로 지금 저는 늘 해 오던 대로 주님께 사형을 선고하고 있기 때문입니다.

주님은 마땅히 사형을 받으셔야 합니다.
평범한 제 소일이 진리이기에 주님께 대한 사형 선고는 정당합니다.

무관심한 제 언어가 정직이기에 주님께 대한 사형 선고는 정당합니다.

안주하는 제 마음이 생명이기에 주님께 대한 사형 선고는 정당합니다.

성장과 발전의 추구가 제 사랑이기에 주님께 대한 사형 선고는 정당합니다.

'봉사! 봉사!' 하는 외침이 제 봉사의 전부이기에 주님께 대한 사형 선고는 정당합니다.

겉치레와 타협이 제 삶의 지혜이기에 주님께 대한 사형 선고는 정당합니다.

사형입니다! 주님. 그것도 잔인한 십자가형입니다. "십자가에 못 박으시오!", "십자가에 못 박으시오!"(마르 15,13.14) 하고 거듭 외치는 군중의 소리가 들리십니까?

이를 반박하는 소리는 어디서도 들리지 않습니다. 주님을 변호하겠다고 나서는 사람은 아무도 없습니다. 국선 변호인조차 주님께는 사치란 말입니까?

그런 눈으로 저를 쳐다보지 마십시오. 저도 군중에 섞여 외치는 한 사람일 뿐입니다. 저도 주님 때문에 제 삶을 변화시킬 의사가 전혀 없는 평범한 한 사람일 뿐입니다. 저와 눈을 마주치지 마십시오. '몸을 돌려 바라보지'(루카 22,61 참조) 마십시오.

주님의 슬픈 눈이 자꾸 가슴을 찌르는 것은 사실입니다. 그러나 저는 다시 아무 일도 없었다는 듯 제 길을 갑니다. 저 자신 안에서도 주님께 대한 사형 선고를 되돌릴 가능성은 전혀 없습니다.

저도 때로 베드로처럼 '밖에 나가서는 슬피 울지만'(루카 22,62 참조), 주님 가르침 때문에 제 생활 습관과 제 삶의 고집을 포기하지는 않습니다. 사람들이 제게 주님을 따르는 사람이냐고 물으면, 말로는 상황 따라 여러 가지로 장황한 설명을 늘어놓지만, 제 행실은 한결같이 베드로처럼 "이 사람아, 나는 아닐세."(루카 22,58), "이 사람아, 나는 자네가 무슨 말을 하는지 모르겠네."(루카 22,60) 하고 말합니다. 저도 그저 주님께 십자가형을 선고하라고 요구하는 군중의 한 사람일 뿐입니다.

주님! 제 말을 다 믿으셨습니까? 당신을 팔아넘기려고 그날 밤 유다가 왔을 때조차 "친구야, 네가 하러 온 일을 하여라." (마태 26,50) 하고 유다를 친구라고 부르시더니, 순진하신 주님, 유다에게 속으시고도, 또 저에게 속으십니까? 친구에게 속으시고도 또 저를 친구라 부르십니까?

저를 그렇게 쳐다보지 마십시오. 저를 그런 순진한 눈으로 쳐다보지 마십시오. 주님, 제발 그런 슬픈 사랑의 눈으로 저를 쳐다보지 마십시오!

제2처

예수님께서 십자가 지심을 묵상합시다

너, 나의 친구, 내 고통을 슬픔에 찬 눈으로 바라보고 있구나. 인생은 어차피 사랑과 반(反)사랑의 협주곡. 삶의 아이러니 앞에서 너는 나와 눈도 마주치지 못하는구나.

하지만 친구! 아무리 배신의 골이 깊어도 끝까지 너는 나의 친구임을 잊지 말아 다오. 나는 너를 한 번도 내 친구가 아니라고 생각한 적이 없음을 믿어 다오. 내 고통과 죽음은 "친구들을 위하여 목숨을 내놓는" 사랑(요한 15,13), 너를 위한 사랑임을 가슴에 새겨 다오. 나의 아파하는 이 마음은 속죄의 제사를 기꺼이 준비하는 마음임을 기억해 다오.

너, 나의 친구, 고통과 애통의 반죽으로 사랑의 빵이 구워 짐을 기뻐해 다오. 세상 모든 것은 죽음 앞에 무릎을 꿇지만, 유일하게 사랑만큼은 그 독한 죽음을 무릎 꿇게 한다는 것, 사랑을 자랑스러워해 다오.

너의 배신? 너의 불충? 아니, 나는 아랑곳하지 않고 너를 위해 사랑의 길을 간다. 기막힌 사랑! 이 사랑은 아니면 안 된다는 듯 고통의 십자가를 지라 하는구나. 이 사랑은 한 인간의 가녀린 이 어깨 위에 인류를 실은 무거운 십자가를 지워 주는구나. 이 사랑은 나 자신이 못 박힐 십자가를 나더러 직접 지고 가라 하는구나. 나 자신이 못 박힐 십자가를, 나더러!

아, 이 십자가!

가자, 가자, 십자가의 길을 가자.
가자, 가자, 고통의 길을 가자.
스스로의 덫에 걸린 사람들의 죄악이

나를 위해 준비해 놓은 길.
가슴 아파하시는 하느님의 사랑이
나를 위해 마련해 놓은 길.

가자, 가자, 십자가의 길을 가자.
가자, 가자, 고독의 길을 가자.
분한 마음 녹이고,
서운한 마음 가라앉히고,
용서의 마음만 담아
하느님의 길을 가자.

가자, 가자, 십자가의 길을 가자.
가자, 가자, 사랑의 길을 가자.
'우리의 친구 …가 잠들었으니'(요한 11,11 참조)
친구를 깨우러 가자.
우리의 친구가 죄로 죽게 되었으니
친구를 살리러 가자.

가자, 가자, 십자가의 길을 가자.
가자, 가자, 소명의 길을 가자.
사랑의 힘만 굳게 믿고
사랑의 힘만 굳게 믿고
"일어나 가자."(마태 26,46).
어서 빨리 일어나 가자.

제3처

예수님께서 기력이 떨어져 넘어지심을 묵상합시다

"태어났다는 것은 끔찍한 일입니다. 스스로 원한 일도 없는데, 휩쓸고 지나가는 거리에서 만난 것마다 모조리 파멸시키기로 작정이라도 한 듯이 무서운 기세로 움직이는 거대한 흐름 속에 돌이킬 수 없이 내던져진 자신을 문득 발견한다는 것은 참으로 무서운 일입니다."(떼이야르 드 샤르댕, 『세계 위에서 드리는 미사』).

아버지, 인생의 그런 두려움을 이기는 것은 사랑밖에 없다 하시어 마음으로 몸으로 사랑했습니다. 아버지께서 제게 맡기신 소중한 일을 사랑했고, 아버지께서 제 주변에 주신 귀중한 사람들을 사랑했습니다. 제 삶의 없어지지 않는 흔적은 땀 흘려 가며 몰두한 시간, 온 마음으로 사랑한 시간뿐이었습니다. 후일에 배신당했을지라도, 사랑한 그 시간만큼은 소중했습니다. 그 시간만큼은 정말 저 자신이었습니다. 그래서 "열심히 사랑하며 살자!"라는 말은 윤리, 모럴의 언어가 아니라 존재의 언어였습니다. 그것은 허망한 이 세상에서 제가 존재하는 방식이었고, 허무가 변하여 존재가 되는 기적이었습니다.

하지만 아버지, 지금 이 순간 사랑마저 허무일까 봐 가슴속으로 불안이 밀려듭니다. 사랑마저 헛된 착각이었나 싶어 온통 숨통이 옥죄어 옵니다. 아버지, 제 마음을 다잡아 주소서. 허무가 무서운 기세로 존재를 위협하는 이 순간, 아버지, 흔들리는 이 마음을 꽉 붙들어 주소서.

제4처

예수님께서 성모님을 만나심을 묵상합시다

"이분이 네 어머니시다."(요한 19,27).

나에게도 귀중한 어머니가 주어졌다. 내 인성人性이 가지는 사랑의 마음은 정말로 많이 내 어머니의 것을 닮았고, 헌신적인 봉사의 삶은 정말로 많이 내 어머니의 삶에서 배워 취한 것이었다. 십자가를 처음 받는 순간, 아니, 사형 선고를 받는 순간부터도 아버지의 일을 위해 어머니를 두고 떠나온 때의 일이 머릿속을 떠나지 않았다.

인간이란 가장 큰 슬픔이 닥칠 때 어머니를 생각하게 된다는 사실, 그리고 어머니 앞에서만 참된 존재의 울음을 울게 된다는 너무나도 평범한 사실이 왜 그리 새삼스러웠는지 모른다.

어머니를 처음 보았을 때 전신이 떨렸다. 이 비참한 몰골을 어머니에게 보여서는 안 된다는 생각이 우선 머리를 스쳤다. 그러나 어머니는 내 지상 첫 순간부터 나의 이 모습을 준비한 분이셨다. 그래서 그분은 나 못지않게 '사형수의 어머니'라는 손가락질을 받아 가며 묵묵히 나를 따라오고 계시다.

시몬은 내 제자임을 부인했지만, 어머니는 내가 당신의 아들임을 결코 부인하지 못하신다. 군중은 얼룩 속에 계속 흘러내리는 피땀 속에서 내 눈물을 가려내지 못했지만, 어머니는 그것을 알아보고 계셨다. 그분의 눈망울이 그러했다.

평생을 "주님의 종입니다."(루카 1,38) 하시며 일관되게 주님 뜻만 찾으신 어머니. 눈물을 머금으시며 지금도 이 첫 수락의 기도를 드리고 계셨다.

어머니는 분명 첫 번째 그리스도인이셨다.

제5처

시몬이 예수님을 도와 십자가 짐을
묵상합시다

그럴 줄 알았습니다, 주님. 또 저일 줄 알았습니다.

주님이 잘나가실 때 주님 곁에 있던 그 많은 사람은 다 어디 갔습니까?

멋진 기적도 하시고, 사람들에 둘러싸여 환호와 존경을 받으실 때 주님은 저에게 눈길 한 번 안 주신다고 생각했습니다. 저는 그저 변두리만 맴돌 뿐이었습니다. 그런데 왜 유독 주님께서 이토록 무력하고 볼품없으실 때 저더러 주님 길을 따라 걸으라 하십니까?

저도 남들처럼 고통의 주님보다는 영광의 주님을 좋아합니다. 혹시나 하는 기대감으로 주님 영광의 작은 쪼가리라도 얻을까 싶어 먼발치에서 사람들 사이에 묻혀 주님의 길을 따라왔는데, 또 걸려들었습니다.

힘세고 잘나가는 그 많은 사람 놔두고 힘없는 '시골에서 올라온 촌사람'(마르 15,21 참조) 저에게 십자가의 운명이 또 떨어졌습니다. 그것도 힘 있는 다른 사람들이 강제로 등을 떠밀어 여기 이렇게 주님 옆에 서 있습니다. 어쩌라는 것인지 통곡하고 싶고, 이 상황이 그저 당황스러울 뿐입니다.

솔직히 말씀드리겠습니다.
저도 주님 말씀 들으면 마음이 따뜻해지고, 주님 사시는 모습 보면 가슴이 두근거렸습니다. 그래서 주님이 좋았습니다. 답답할 땐 주님께 위로도 받았고, 일상의 작은 기적도 체험했습니다. 그래서 주님은 저에게 소중하고 고마운 분이셨습니다. 또 그래서 십자가를 지고 가시는 주님이 그렇게 안쓰러울 수가 없었습니다.

하지만 거기까지입니다.

제 잘난 종교심을 넘어 요구되는 고통과 죽음은 무섭습니다. 무서워서 싫습니다. 십자가는 제게 너무 벅찹니다. 저는 이렇게까지 적극적으로 주님 십자가를 나눠 질 수도 없고, 또 그렇게까지 적극적으로 주님을 따르고 싶지도 않습니다. 많은 인파가 십자가의 길에 몰려 있듯이 그냥 그만큼만 이 길을 걷고 싶습니다. 많은 신자들이 사는 것처럼 그냥 거기까지만 믿으며 살고 싶습니다. 적당히 신자 생활을 하고 싶습니다. '적당히!' 얼마나 멋진 삶의 덕목입니까?

그런 제게 왜 손을 내밀려 하십니까? 왜 꼭 저입니까? 주님은 제가 제 일상의 고통으로도 이토록 벅차다는 것을 아시지 않습니까?

하지만 주님, 이런 투정이 저 자신의 더 큰 위선을 감추기 위한 구실이지 않게 해 주소서. 제 앞의 십자가가 그냥 무의미만을 양산해 내는 십자가가 아니라 주님의 십자가임을 깨닫게 해 주소서. 저를 당혹케 하는 제 일상의 고통이 주님 십자가의 한 몫임을 깨닫게 해 주소서.

주님, 다시 한번 말씀해 주소서. "누구든지 내 뒤를 따르려면 자신을 버리고 제 십자가를 지고 나를 따라야 한다."(마르 8,34) 하고요. 다시 한번 말씀해 주소서. "정녕 내 멍에는 편하고 내 짐은 가볍다."(마태 11,30) 하고요.

제 억센 '악운惡運의 십자가'가 주님과 함께 길을 걸을 때 '주님의 십자가'로 바뀜을 기억하게 해 주소서. 그것은 신에게 버림받은 사람이 울며 떠맡아야 하는 고약한 운명이 아니라 참사랑의 하느님이 저를 부르시는 귀한 성소聖召임을 기억하게 해 주소서. 사랑이 함께할 때 십자가가 성소가 됨을 기억하게 해 주소서.

버림받은 분노의 마음이 선택받은 고마운 마음으로 변할 수 있다는 것을 가르치는 것이 바로 주님의 십자가 아닙니까?

사랑이 있을 때 불만과 투정은 고마운 벅찬 마음으로 변할 수 있음을 기억하게 해 주소서. 제게 맡기신 이것은 주님의 십자가이고, 주님의 십자가는 사랑의 십자가임을 기억하게 해 주소서.

제6처

베로니카, 수건으로
예수님의 얼굴을 닦아 드림을
묵상합시다

"목마르다."(요한 19,28).

그때 내게는 친구가 필요했다. 얼마 전까지 내 뒤를 열광적으로 따르던 그 많은 인파가 필요한 것이 아니었다. 오직 한 사람만이라도 진실로 나를 따라 줄 친구가 있었으면… 단 한 사람만이라도 나와 이 길을 나눠 걸을 사람이 있다는 위안을 주었으면… 나는 여기저기 두리번거려 보았다. 혹시 시몬이나 안드레아가, 혹시 요한이나 토마스가 나와 이 길을 나누어 걸으려고 달려오지 않나 하고.

그러나 하느님의 길은 철저한 것. 내 고독을 달래 줄 그 누구도 내 옆에 같이 있어 주지 않았다. 구경의 눈길, 방조의 눈길은 있었으나 나눔의 눈길은 없었다. 조롱의 눈길은 있었으나 치유의 눈길은 없었다.

그런데 그때, 느닷없이 억센 군사의 손을 뚫고 들어와 내 이마를 닦아 준 손이 있었다. 지금도 생생하게 기억한다. 그때 나를 찾아 준 그 따뜻한 마음을. 나를 사랑한다고, 나를 몸 바쳐 따르겠다고 말하지 않았으나, 내가 고통을 겪을 때 나와 함께해 준 그 충실한 손과 발을. 내 친구라고 자처하지 않았으나 나의 길을 성실히 따라온 그 맑은 눈을. 이해타산을 떠나 참으로 나에게 목적을 두었던 그 하얀 수건을….

고마워 베로니카.
하느님이 고마워.
믿어 줘서 고맙고
따라 줘서 고마워.

미안해 베로니카.

하느님이 미안해.

나로 인해 힘들어진 삶,

나를 위해 참아 내는 삶.

사랑해 베로니카.

하느님이 사랑해.

끝까지 위로를 줄게. 끝까지 참자.

끝까지 사랑을 줄게. 끝까지 함께 가자.

고마움과 미안함과 사랑을 담아

네 애절한 가슴에 내 애잔한 흔적을 남긴다.

피 묻은 내 '베라 이콘vera icon', 나의 참 초상肖像을.

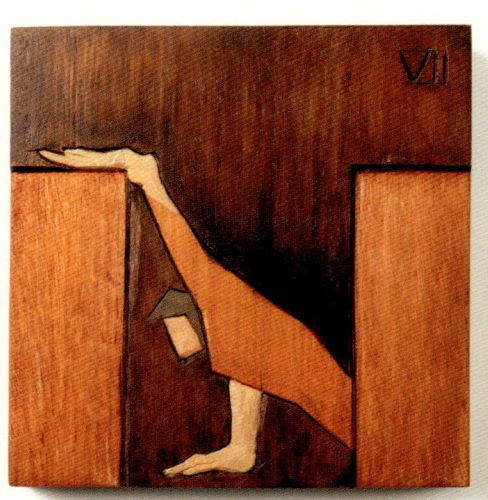

제7처

기력이 다하신 예수님께서
두 번째 넘어지심을
묵상합시다

주님, 저는 지금 주님의 사형 집행 장소를 향해 올라가고 있습니다. 제가 지금, 주어진 고통을 묵묵히 참아 내며 죽음을 향해 걷기 위해 다시 일어서시는 주님을 대하면서 마음속으로 나눌 수 있는 것이 무엇이겠습니까?

역설적이긴 하지만 저는 저 자신의 행복을 느낍니다. 가진 것이 없는 이들이 하느님만을 소유하고서 누릴 수 있는 행복입니다. 그것은 어쩌면 죽음을 소유하고 있는 이들만이 절실히 서로를 위해 나눌 수 있는 행복일 것입니다. 제가 총독이 아닌 것이 행복이고, 제가 의사가 아닌 것이 행복이며,

제가 재벌이 아닌 것이 행복입니다. 오히려 제가 인간인 것이 행복입니다. 인간이기에 사랑과 죽음의 비밀이 담긴 주님 마음에 더할 나위 없이 깊이 공감할 수 있는 것이 행복입니다.

인간은 어차피 태어나면서부터 죽음을 향해 가는 존재이니, 집행 날짜만 모를 뿐, 누구나 인간이라는 이유로 이미 '사형을 선고받은 존재', 사형수 아닙니까? 인간은 어차피 설운 색깔의 존재 아닙니까? 죽음에게 모든 것을 빼앗길 존재이기에 인간은 궁극적으로 사랑이신 하느님 말고는 아무것도 소유할 수 없는 존재 아닙니까? 죽음을 공유한 존재이기에 인간은 영원을 꿈꾸며 아무것도 가리고 꾸밀 필요 없이 자기 자신과 서로에게 솔직할 수 있는 존재 아닙니까?

무작정 주어지는 죽음이 인간에게 그렇게 큰 약점이면서도 죽을 수 있다는 것이 인간에게 그토록 큰 장점이 될 수 있다는 것이 놀랍습니다. 실로 죽음 때문에 인간은 애타는 열정으로 이토록 치열하고 진지하게 사랑할 수 있습니다. 실로 죽음 때문에 인간은 터질 것 같은 그리움으로 이토록 열렬하고 간절하게 하느님을 부를 수 있습니다.

주님도 사형수, 저도 사형수. 주님, 사형수 둘이 부둥켜안고 자신의 삶과 죽음을 나누는 광란스러운 춤에는 얼마나 큰 진실과 사랑이 숨겨 있겠습니까? 주님과 제가 이렇게 죽음을 목전에 두고 서로를 더욱 깊이 이해할 수 있다는 것은 십자가의 길의 신비가 아니겠습니까?

제8처

예수님께서
예루살렘 부인들을 위로하심을
묵상합시다

"너희에게 진실을 말하는데, 내가 떠나는 것이 너희에게 이롭다."(요한 16,7).

주님, 같이 있어야 사랑이라고 배웠는데, 사랑하려면 함께해 주어야 한다고 수없이 들었는데, 떠나야 사랑이라는 당혹스러운 말씀이 들려옵니다.

분명 사랑은 한 가지 방법만 있는 것이 아닌가 봅니다. 보통 사람들이 생각하는 것과 반대되는 표현 방법이라야 사랑인 사랑이 있는가 봅니다. 외떨어져야 사랑인 사랑이 있는가 봅니다. 가고 싶은 곳도 함께 가지 못해야 사랑인 사랑이 있는가 봅니다. 같이 어울리지 말아야 사랑인 사랑이 있는가 봅니다. 사랑한다 말하지 말아야 사랑인 사랑이 있는가 봅니다. 외로워야 사랑인 사랑이 있는가 봅니다. 내가 떠나야 사랑인 사랑이 있는가 봅니다. 먼발치에서 행복을 비는 것만으로 사랑인 사랑이 있는가 봅니다. '너'가 '나'의 것이 아니어야 사랑인 사랑이 있는가 봅니다.

정에 연연하고 과거에 집착하는 불행이 있습니다. 보고 싶다며 자신을 못살게 구는 우둔이 있습니다. 주님, 곁에 두고 보아야만 사랑인 것은 아니라 하십니까? 과감히 떨쳐야 사랑인 사랑이 있다 하십니까? 너의 길을 가게 하기 위해 외롭더라도 나의 길을 묵묵히 가야 사랑인 사랑이 있다 하십니까? 마음속에만 품고 손과 발은 잡지 말아야 사랑인 사랑이 있다 하십니까? 알아주지 않고 무시당해도 그냥 진실만 믿으며 가슴에 행복을 만들어야 사랑인 사랑이 있다 하십니까?

사람에 연연하고, 인정에 집착하는 불행이 있습니다. 실연과 배신, 기막힌 이별로 자신을 못살게 구는 우둔이 있습니다. 어디 나를 옆에서 보아 주고 챙겨 주어야만 사랑이겠습니까? 이름만으로 위대한 사랑인 사랑이 있습니다. 기억만으로 아름다운 사랑인 사랑이 있습니다. 다행히 한 번 스쳐 가 준 것만으로도 평생을 고마운 사랑인 사랑이 있습니다. 잠시 같이 살아 준 것만으로도 일생이 아깝지 않은 사랑인 사랑이 있습니다. 오, 주님, 깔끔하고 넉넉하게 떠나보내야 사랑인 사랑이 있습니다.

제9처

예수님께서 세 번째 넘어지심을 묵상합시다

십자가의 길, 고독한 사랑의 길! '혼자'를 연상시키는 고독과 '함께'를 연상시키는 사랑이 십자가의 길에서 하나가 되었습니다. 주님이 보여 주시는 사랑의 길은 고독해야만 진실한 사랑의 길이라 하십니까? 지독한 고독과 지극한 사랑이 하나가 되었습니다.

가여우신 주님, 명실공히 주님은 혼자가 되셨습니다. 이것이 주님께서 바라신 것이었습니까?

세 번이나 수난과 죽음을 예고해도 자기들 가운데 누가 높

으냐고 따지기만 하던 제자들(마르 10,35 이하)은 아예 찾아볼 수 없고, 강제로 주님을 따라가게 된 키레네 사람 시몬도(마태 27,32 참조) 주님의 십자가를 조금 나눠 지는 듯 보이더니 어느새 사라져 버렸습니다.

방금은 울며 주님을 따르던 예루살렘 부인들을 "나 때문에 울지 말고 너희와 너희 자녀들 때문에 울어라."(루카 23,28) 하시는, 서운하게 들릴 수 있는 말로 '내치셨습니다'.

조금이라도 거짓 십자가의 흔적이 있기만 하면 주님 곁에 남지를 못하나요? 그러니 주님은 외로우시지요!

가는 사람은 잡지 못하시고, 오는 사람은 내치시니, 주님, 주님의 길은 대체 어떤 길입니까? 주님의 복음은 대체 어떤 복음입니까? 조금 덜 고독하시면 안 되나요? 덜 고독하면 덜 사랑인가요?

하지만 주님은 여전히 십자가의 길에 따라오라고, 동행하라고 하십니다.

'동행!' 위로를 주는 멋진 말입니다. 길을 같이 가는 것 말입니다. 주님, 매일의 기도에서 저는 주님께서 제 삶에 동행해 주시기를 청하는데, 지금 넘어져 계신 주님은 제게 주님과 동행해 달라고 청하시는 듯합니다. 저도 동행을 바라고, 주님도 동행을 바라십니다. 저도 길동무를 바라고 주님도 길동무를 바라십니다.

하지만 주님께서 바라시는 '동행', '길동무' 안에는 "많은 사람을 위하여"(마태 26,28), "모든 사람을 위하여"가 영혼처럼 스며들어 있습니다.

이것이 참희생의 길인 주님 사랑의 길이 거짓 희생의 방편인 우리네 끼리끼리 사랑의 길과 달리 지독하게 고독한 이유인가 봅니다.

고독한 동행이라니, 얼마나 엄청난 역설입니까? 주님께도 저희에게도 고독 자체가 목적일 리가 없습니다. 오히려 참사랑만이 목적입니다. 하지만 참사랑은 먼저 거짓 십자가를 각성시킵니다.

주님과 동행하는 것은 키레네 사람 시몬처럼 억지로 십자가를 지는 것도, 예루살렘 부인들처럼 정작 자신은 돌아보지 못한 채 불쌍해 보이는 한 남자에 대해 값싼 울음을 우는 것도 아니라고 하십니다.

오히려 저 멀리에서 가슴 찢어지는 고통, 목이 메는 아픔을 안고, 보이지 않게, 말없이 기도하며 주님을 따르는 성모님과 마리아 막달레나처럼 동행하라 하십니다.

고독한 동행입니다. 내 개인적 사랑의 아픔에 아랑곳하지 않고 더 큰 희생의 완성을 위해 먼발치에서 묵묵히 "주님의 뜻이오니", "주님의 뜻이오니" 하고 마음속에 되뇌며 동행하라 하십니다.

십자가의 무게에 눌려 십자가 아래 참혹하게 넘어지신 주님의 고독한 사랑에 저희도 자신의 십자가에 허덕이면서도 정직한 사랑으로 동행하라 하십니다.

제10처

예수님께서 옷 벗김 당하심을
묵상합시다

"내가 진실로 너에게 말한다. 너는 오늘 나와 함께 낙원에 있을 것이다."(루카 23,43).

소원대로 부디 하얀 죽음 맞으소서.

첫봄, 하룻밤 사이, 남모르게 피어난 목련꽃의 흰빛을 담으소서. 가슴 뛰게 하는 하얀 첫눈의 빛깔을 담으소서. 남에게 사랑과 순결을 남겨 주면서도 자신에게는 아무것도 남기지 못한 하얀 죽음 맞으소서.

무척이나 보잘것없는 우리네 삶인데도 막상 죽음 앞에서는 너무나 안타까운 우리의 인생.

사람들이 뻐기는 어떠한 빛도 자랑할세라 지니지 못하고 살아온 당신의 생, 이제 죽음 앞에 당신 생을 내놓는다면 빛깔은 새하얀 빛(마르 9,3 참조)일 것입니다.

사람들은 '마지막 남은 속옷마저 벗겨 갑니다.'(요한 19,23 참조). 다 가져가라 하십시오. 평상시 하시던 대로 당신 빛깔의 말씀은 '아무것도 가진 게 없으니, 아무것도 줄 것이 없네 Nihil habeo, et nihil dabo.'(사도 3,6 참조)이니, 한낱 가난한 종이 되기 위해 고뇌하며 보낸 수많은 세월이 당신의 존재를 흰빛깔로 입혀 십자가상 첫 제사를 봉헌하는 대사제라는 알맞은 이름을 붙였습니다. 억척스레 몰려드는 불쌍한 인생들을 돌보느라 세상에서 많은 일에 시달리고 힘에 겨운 고민에 빠져 지내곤 했으면서도 결국 무기력한 십자가상 사랑밖에 남은 것이 없으니 하얀 빛깔 인생의 우여곡절입니다.

부디 소원대로 하얀 죽음 맞으소서. 암흑의 골짜기, 흑암의 권세라 일컫는 죽음 속. 가진 것 없는 빈털터리 하얀 사제에게 빼앗길 것은 이제 낡은 육체뿐입니다. 육체의 짐 때문에 허덕이며 쓰라리게 길을 걸어왔지만 하얀 죽음에는 더 이상 짐스러울 것이 없어, 오히려 가벼운 웃음으로 그동안 사랑했던 사람들에게 인사하며 기쁜 죽음, 환희의 죽음, 하얀 죽음을 소박하게 맞이하실 것입니다.

늘 하시던 대로 강복降福의 손으로 세상에 십자가 그어 주시고 사랑의 눈길 곳곳에 쏟으소서. 하얀 삶들 위에 하얀 죽음의 길 활짝 여소서. 대사제이신 예수님!

제11처

예수님께서
십자가에 못 박히심을
묵상합시다

"저의 하느님, 저의 하느님, 어찌하여 저를 버리셨습니까?" (마르 15,34). "아버지, 저들을 용서해 주십시오. 저들은 자기들이 무슨 일을 하는지 모릅니다."(루카 23,34).

십자가의 길. 그때만큼 분심에 찬 때는 없었다. 그대만큼 하느님의 길을 잃기 쉬운 때는 없었다. 배신, 비겁함. 용기, 사랑, 반항, 고독, 친구, 어머니 …. 십자가 속은 전장의 탱크처럼 굉음을 내며 찢긴 가슴을 더 깊이 파헤치는 두의미로 온통 가득했다.

십자가의 길. 하지만 이렇게 실패로만 보이는 혼란의 길 한가운데에 여전히 사랑이 있었다. 사랑 없는 성공보다 사랑하기에 껴안을 수밖에 없었던 인간적 실패의 흔적이 더 소중했다. 그것이 죽음일지라도 사랑만이 아름다운 것. 사랑은 본질적으로 하느님의 것이었다. 하느님의 것을 위해 나의 것은 하나하나 못 박히었다. 인간적인 사랑도 배신도!

무의미해 보이고 실패로만 보이는 십자가! 인간에게 실패로 보여도 하느님께는 실패나 실수가 없다. 실패로 보이더라도, 그 안에 사랑이 담겨 있고 하느님이 담겨 있으면, 그것은 결코 무의미하지 않다. 하느님께서 하신 일은 하나도 의미 없는 일이 없다. 하느님이 마련하신 의미를 찾기 위해 내 손과 발에 못이 박혀야 했다.

움직이지 못하도록! 순종하도록!

삶의 어려움 속에서 때로 하느님께 저항하고 싶어 하지만, 인간이 하느님께 저항하는 가장 순수한 형태는 순종이다.

'이 잔을 거두어 주시라'(루카 22,42 참조)고 청하지만, 그러나 나는 순종한다. 존재를 주신 분은 존재를 거두기도 하신다.

존재를 주시는 것도 거두시는 것도 의미 없는 것은 없다. 하느님을 믿는 것은 의미를 믿는 것. 고통 중에도 나는 의미를 믿으며 그분께 순종한다. 하느님의 계획 안에서 나쁜 것은 아무것도 없다. 내 손과 발에 하나하나 못이 박힐 때마다 나는 끝없이 속으로 되뇐다.

'나는 순종한다.' '나는 순종한다.' '나는 순종한다.' ….

제12처
~~~~~~

예수님께서
십자가 위에서 돌아가심을
묵상합시다

사랑과 죽음. 그것은 어쩌면 같은 맥락에서 이루어진다는 생각을 하게 된다. 진정으로 사랑하는 사람은 죽음이 두렵지 않다는 생각도 해 본다. 사랑 속에서 이미 영원을 체험한 탓일까? 사랑 속에서 무한히, 무한정하게 '세상에 속함'을 뛰어넘은 탓일까? 살고 싶다는 절규나, 살아야 한다는 부르짖음은 어쩌면 사랑받고 싶고 사랑하고 싶다는 원초적 외침과 동일한 까닭일까?

사랑에 대한 생각만큼이나 강하게 울음을 북받쳐 오르게 하는 것이 죽음에 대한 생각이었다. 어릴 때, 내 죽은 모습을 떠올려 보던 순간을 기억한다. 관 속에 누워 있을 내 모습이랄까, 땅속 깊은 곳에서 '홀로' 주어지는 시간들을 외로워하는 모습이랄까, 한 부분 한 부분 내 육체의 부패를 괴로워하는 모습이랄까 …. 그러나 이제 그런 것들이 겁나지 않을 것 같다. 사랑하는 것은 절대적으로 어떤 포기를 의미하기에, 이제 죽음으로 나를 절대화할 수 없음을 수긍하는 것이 사랑이라는 생각을 해 본다. 포기할 수 있을 것 같다. 정지시키고 정지할 수 있을 것 같다. 결국 죽음이 아니라 사랑이 끝이다.

"아버지, '제 영을 아버지 손에 맡깁니다.'"(루카 23,46).

아, 하느님이 보고 싶어진다. 어떤 가식도 없이 사랑이 완성된다는 것은 무엇일까? 하느님이 그리워진다. 하느님을 만나 마냥 떠들어도 보고 밤새워 못다 한 이야기도 마구 쏟아내고 싶다. 하느님을 만나 죽음을 고마워하고 싶다. 사랑이 완성된다는 것은 무엇일까? 서투른 몸짓보다는 서투른 몸짓의 의미를 소중하게 여기실 하느님!

사랑과 죽음, 그리고 하느님. 십자가 위에서 이 셋은 셋이 아니라 하나이다.

제13처

제자들이 예수님 시신을
십자가에서 내림을
묵상합시다

그때에도 너는 하느님을 사랑할 수 있는가?

하느님이
축축한 위로의 흔적을 조금도 남기지 않으시고
침묵하고만 계셔서
네 가슴에 온통
건조와 갈증이 가득 차 있어도

그래 그래서
'이름'만으로 사랑을 해야 할 그때에도

너는 변함없이
하느님을 사랑할 수 있는가?

기억 속에 행하라 하신 하느님.

피부 없는 기억만으로 사랑해야 할 그때에도,
그래 그래서
돌아가신 주님의 차가운 시신을 붙들고

그리움만으로 너의 사랑을 다독이며
외로움만으로 너의 사랑을 증거해야 할 그때에도

너는
줄어들지 않은 성誠으로
사랑의 축축함을
진실하게 간직할 수 있는가?

제14처

예수님께서 무덤에 묻히심을 묵상합시다

"다 이루어졌다."(요한 19,30).

다 마치셨습니다, 주님. 고통과 고독의 길을 마치셨습니다. 이 시간을 얼마나 기다리셨습니까? 끝날 것 같지 않던 호된 십자가의 길. 누구나 하는 사랑이라 쉬운 줄만 알았는데, 주님의 시신을 두 팔에 안고 보니, 사랑하며 산다는 것이 이토록 어려운 것이구나 싶습니다.

알고 보니 사랑이 어려운 것이 아니라 정직한 사랑이 어려운 것이었습니다. 사랑이 어려운 것이 아니라 '끝까지 다하는 사랑'(요한 13,1 참조)이 어려운 것이었습니다. 변덕스런 저희이기에 그런 사랑이 도대체 존재하느냐고 묻기까지 했습니다. 주님의 내려진 시신은 정직한 사랑, 끝까지 다한 사랑의 흔적입니다. 이제 그 흔적마저 무덤 속에 갇혔습니다. 다 마치셨습니다, 주님. 주님은 주님의 몫을 남김없이 이루셨습니다. 사랑의 업적이 다 이루어졌습니다.

이제 저희의 몫만 남았습니다. 주님께서 저희를 위해 사셨으니, 이제 저희도 주님을 위해 사는 일만 남았습니다. 주님께서 저희를 위해 봉사하셨으니, 이제 저희도 주님을 위해 봉사하는 일만 남았습니다. 주님을 위한 봉사가 무엇인지도 가르쳐 주셨습니다. 주님 따라 사는 것, 주님처럼, "내가 너희를 사랑한 것처럼"(요한 13,34) 사랑하는 것이라 하셨습니다.

하오니 주님, 연약하여 이렇게 방황하지만, 미완성과 불충실의 꼬리표를 늘 숙명처럼 달고 다니지만, 사랑이 부재하고 주님이 부재하는 듯한 외로운 이 시간에도 저희가 충실한 사랑에 변함없이 몸 바치게 해 주소서.

기도를 마치며

하느님,

방금 수녀원 큰 정원을 걷다 들어왔습니다. 찌푸린 날씨에 음산한 기운이 가득 차 있었습니다. 며칠 전까지만 해도 말라붙어 있던 개울에는 언제 그랬냐는 듯이 다시 맑은 물이 흐르고, 겨울을 지나온 굵고 검은 나무들은 까마귀들에게 훌륭한 휴식처를 제공하고 있었습니다. 바쁜 손으로 한 번 벌써 갈아엎은 땅에는 부지런한 씨앗이 뿌려져 있을지 모르나, 별다른 생명의 흔적은 아직 보이지 않았습니다. 그리고 발걸음을 동반해 주는 것은 역시 바람이었습니다. 가다가 다 제 옷자락은 통과했으나 몸은 통과하지 못한 바람들이 땅바닥으로 마구 떨어지고 있었으나 그들의 주검은 확인할 수 없었습니다.

이제 곧, 하느님,

이 까맣기만 한 땅이 생명이고 생명이었음을 과시하고 증명할 것입니다. 이 까맣기만 한 땅이, 생명이 아름다움으로 간직할 수 있는 모든 색깔을 곳곳에 가득 뿌릴 시간이 다가옵니다. 까맣기만 한 이 천지에서 솔로몬도 입지 못한 화려한 색채가 무에서 유로 잉태됩니다. 그 앞에서, 조바심은 인간의 오만일 뿐입니다. 오히려 기다림입니다. 작은, 겸손한 기다림으로 생명에 장악되어 머무는 것입니다.

하느님, 기다림입니다. 소란을 피우지 않는 고요한 기다림입니다. 내 힘으로 우기려 하지 않음입니다. 어른이어야 할 필요 없는, 그러나 인간이어야 하는 기다림입니다. 생명들에 싸여 그냥 있지 않고, 생명들에 싸여 생명을 노래하는 기다림입니다. 내 눈앞에 우뚝 서 있는 존재가 가져다주는 구토감이 아니라, 아무것도 없는 흑암의 대지 위에 서서 존재를 노래하는 기다림입니다.

존재를 '타는 목마름으로', 그러나 '열기에 찬 조바심을 넘어' 겸손하게 기다리는 것이, 하느님, 저의 기도 아닙니까? 예수님도 오늘 가장 깊은 곳에서 가장 깊이 드리셨을 기도. 하느님, 이 기도는 무와 존재의 갈등에서 허덕이는 인간 한계의 표현이면서, 어떤 인간의 힘으로도 거머쥘 수 없는 하느님의 귀한 선물이기도 합니다.

하느님, 유혹과 기도의 선상에 영원이 있습니다. 애태움과 기다림의 선상에서 존재가 동터 옵니다. 인간이 자신의 허무를 고백하며 하느님을 만나 뵙고, 하느님께서 존재를 나누며 인간을 만나시는 것을 영원이라고밖에 달리 어떻게 표현할 수 없습니다. 사랑의 하느님께 말을 건네면서 우리 인간은 영원을 맛봅니다.

생명을 기다리는 이른 봄입니다. 대지 속에 생명이 있습니다. 흙색, 아니 흑색 속에 무한히 다양한 색깔이 숨어 있습니다. 내 몸에 걸려 떨어진 바람들의 주검이 대지의 생명을 잉태하는 숨들과 섞여 있습니다. 하느님, 이 계절에 저희는 그래서, 삶의 모든 갈등과 고통 속에서지만, '타는 목마름으로', 그러나 '열기에 찬 조바심을 넘어' 겸손하게 기다립니다. 그리하여 기도 안에서 영원을 받아 누립니다. 하느님의 아드님과 동형同形이기를 꿈꾸면서요.

감사의 글

제가 유학할 때 살던 오스트리아 티롤 지방은 독일 말을 사용하는 지방인데, 고마움을 표현할 때 우리가 통상적으로 알고 있는 '당케Danke'라는 표현 외에 '페어겔츠 고트Vergelt's Gott'라는 표현을 많이 씁니다. 이 말은 본래 '하느님께서 갚아 주시기를 빕니다.' 하는 뜻입니다. 젊은 저는 이 말이 별로 달갑지 않았습니다. '아니, 고마우면 자신이 갚아야지 왜 그것을 하느님께 미뤄?' 하는 생각이었습니다. 그런데 살면서 보니까 그냥 고마운 것 말고 정말 마음이 깊이 움직여 고마우면 그것은 도저히 내가 갚을 길이 없다는 생각이 마음속에 일게 된다는 것을 깨달았습니다. 특히 나를 위해, 교회를 위해 일을 해도 그냥 일하지 않고 마음으로 일하는 사람, 옆에 있어 주어도 그냥 있어 주지 않고 마음으로 있어 주는 사람에게 고마움을 느낄 때면 저 단어가 자꾸 생각납니다. 사람은 눈에 들어오는 대로 보지만 하느님은 마음을 보신다(1사무 16,7 참조)는 성경 말씀을 같이 떠올리면 '마음으로 받은 은혜'는 내가 갚을 수 있는 것의 영역을 벗어나는 것 같습니다. 달리 어찌 고마움을 표현할 길이 없는 영역, 하느님만이 아시고 하느님만이 관할하실 수 있는 삶의 영역이 있습니다. "하느님께서 갚아 주시길…." 하고 하늘을 향해 눈을 들어 올릴 수밖에 없는 고마움의 영역이 분명 있습니다.

벌써 40여 년 전의 일이지만, 서울 대신학교에서는 사순 시기 금요일마다 모든 신학생이 같이 십자가의 길 기도를 바쳤는데 때때로 누군가가 자기 묵상을 나누곤 했습니다. 당시 전례부장이던 같은 반 형의 강제 반 부탁 반의 '지시'로 십자가의 길 묵상을 나눈 적이 있었는데 많은 신학생들이 공감해 주고 나눔을 고마워해 주었습니다. 그것이 계기가 되어 비교적 젊은 시절 이 책의 묵상을 적어 놓았었습니다. 나이 들어 파일들을 뒤적이다 저는 그것을 우연히 발견했습니다. 그냥 묻어 둘까 생각도 했지만 '그래도 누군가에게 묵상에 도움이 되고 삶에 힘이 된다면…?' 하는 마음도 있었습니다. 그래서 부끄러움을 무릅쓰고 책을 내기로 했습니다. (제가 쓴 글을 읽다 보면 누군가에게 마음을 들켰다는 느낌이 자꾸 듭니다. 그 느낌은 자연스레 마음속에 부끄러움을 일게 합니다.) 그런 부끄러움을 무릅쓰는 용기를 주는 것은 "하느님께서 갚아 주시길 청할 수밖에 없는" 정말 고마운 분들의 동행입니다.

어릴 때부터 저의 성소를 지켜봐 주시고, 동반해 주시고, 힘을 주신 사촌 형님 이병호 빈첸시오 주교님이 그런 분이시고, 같이 성소의 삶을 살면서 옆에서 늘 마음으로 격려해 준 동생 윤태 엘리사벳 수녀님이 그런 분이십니다. "페어겔츠 고트!"

이번 책과 관련하여 특별히 2012년 『하늘의 태양은 땅으로 내려오고』를 낼 때부터 이번 책을 내기까지 끊임없이 격려와 용기를 주시고 많은 배려를 해 주신 생활성서사 곽효주 아녜스 편집장 수녀님과 직원들, 가톨릭교리신학원 곽송지 아녜스 행정실장님도 그런 분이십니다. "페어겔츠 고트!"

그리고 십자가의 길 15처를 제작해 주시고 이 책에 싣는 것을 겸손하게 영광이라시며 허락해 주신 김혜림 베아타 화백님과 속표지로 아름다운 그림 싣는 것을 기뻐하며 허락해 주신 김형주 이멜다 화백님도 그런 분이시고, 십자가의 길 15처를 책에 실을 수 있도록 촬영 작업을 적극적으로 후원해 주신 정계옥 글라라 선생님도 그런 분이십니다. "페어겔츠 고트!"

마음으로 저를 에워싸 제 존재의 거대한 배경을 이루고 계신 모든 고마운 분들께도 깊이 감사드리면서, 제가 못 갚는 고마움을 마음을 보시는 하느님께서 친히 갚아 주시길 두 손 모아 기도드립니다. 모든 분들께 "페어겔츠 고트!"

김진태 그레고리오 신부